AF188984

Impressum
Verlag: BABADADA GmbH, Nedderfeld 112 , 22529 Hamburg
Geschäftsführer / Verlagsleitung: Harald Hof
Druck: Books on Demand GmbH, In de Tarpen 42, 22848 Norderstedt

Imprint
Publisher: BABADADA GmbH, Nedderfeld 112 , 22529 Hamburg, Germany
Managing Director / Publishing direction: Harald Hof
Print: Books on Demand GmbH, In de Tarpen 42, 22848 Norderstedt, Germany

مدرسه
škola

تقسیم کردن
deliti
تخته
ploča
کلاس درس
učiona
školsko dvorište
معلم
nastavnik
کاغذ
papir
نوشتن
pisati
خودکار
hemijska olovka
میز تحریر
pisaći stol
خط کش
lenjir
کتاب
knjiga
دانش آموز
učenik

کیف مدرسه

torba

جامدادی

pernica

مداد

grafitna olovka

تراش

šiljilo za olovke

پاک کن

gumica za brisanje

دفتر رسم

blok za crtanje

طراحی

crtež

قلم مو

kist

جعبه ی آبرنگ

kutija sa bojama

قیچی

makaze

چسب

lepilo

کتاب تمرین

beležnica

تکلیف خانه

domaći zadatak

12

رقم

broj

2+2

جمع کردن

sabirati

5-2

تفریق کردن

oduzimati

2×2

ضرب کردن

množiti

محاسبه کردن

računati

A

حرف الفبا

slovo

ABCDEFG HIJKLMN OPQRSTU VWXYZ

الفبا

abeceda

hello

کلمه

reč

متن

tekst

خواندن

čitati

گچ

kreda

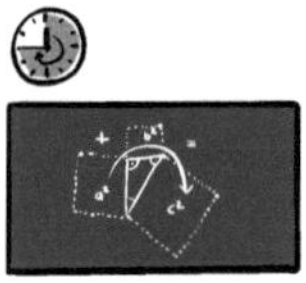

درس

čas

ثبت نام

dnevnik

امتحان

ispit

مدرک رسمی

svedočanstvo

لباس مدرسه

školska uniforma

تحصیلات

obrazovanje

دانشنامه

leksikon

دانشگاه

univerzitet

میکروسکوپ

mikroskop

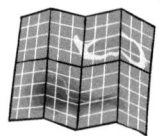

نقشه

karta

سبد کاغذ باطله

košara za papir

سفر

putovanje

هتل
hotel
مسافرخانه
prenoćište
صرافی
menjačnica
چمدان
kofer
اتومبیل
auto

زبان

jezik

بله / خیر

da / ne

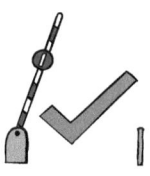

اُکی

okej

سلام

zdravo

مترجم

prevodilac

ممنون

hvala

قیمت ... چه قدر است؟

Koliko košta...?

من متوجه نمی شوم

ne razumem

مشکل

problem

عصر بخیر! / شب بخیر!

dobro veče!

صبح بخیر!

Dobro jutro!

شب بخیر!

Laku noć!

خدانگهدار

doviđenja

جهت

smer

بار سفر

prtljaga

کیف

torba

کوله پشتی

ruksak

مهمان

gost

اتاق

soba

کیسه خواب

vreća za spavanje

خیمه

šator

مرکز راهنمای گردشگران

turističke informacije

ساحل

plaža

کارت اعتباری

kreditna kartica

صبحانه

doručak

نهار

ručak

شام

večera

بلیط

karta za vožnju

آسانسور

lift

مهر

poštanska markica

مرز

granica

گمرک

carina

سفارتخانه

ambasada

ویزا

viza

گذرنامه

pasoš

حمل و نقل

transport

هواپیما
avion
کشتی
brod
ماشین آتش نشانی
vatrogasno vozilo
اتوبوس
autobus
کامیون
teretno vozilo
قایق موتوری
motorni čamac
دوچرخه
bicikl
اتومبیل
auto

کشتی مسافربری
....
trajekt

قایق
....
čamac

موتورسیکلت
....
motocikl

ماشین پلیس
....
policijski auto

ماشین مسابقه
....
trkaći auto

ماشین کرایه ای
....
iznajmljeno auto

به اشتراک گذاری اتوموبیل

delenje automobila

جرثقیل

vučno vozilo

ماشین حمل زباله

vozilo za odvoz smeća

موتور

motor

بنزین

benzin

پمپ بنزین

benzinska stanica

تابلو راهنمایی و رانندگی

saobraćajni znak

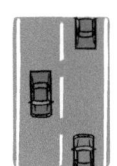

عبور و مرور

saobraćaj

ترافیک

zastoj

پارکینگ

parkiralište

ایستگاه قطار

železnička stanica

ریل راه آهن

šine

قطار

voz

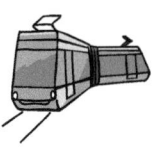

قطار برقی

tramvaj

واگن

vagon

هلیکوپتر

helikopter

فرودگاه

aerodrom

برج

kula

مسافر

putnik

کانتینر

kontejner

کارتن

karton

گاری

kolica

سبد

korpa

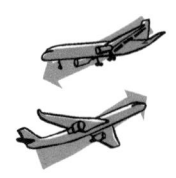

به پرواز درآمدن / فرود آمدن

uzleteti / sleteti

شهر

grad

دهکده

selo

مرکز شهر

centar grada

خانه

kuća

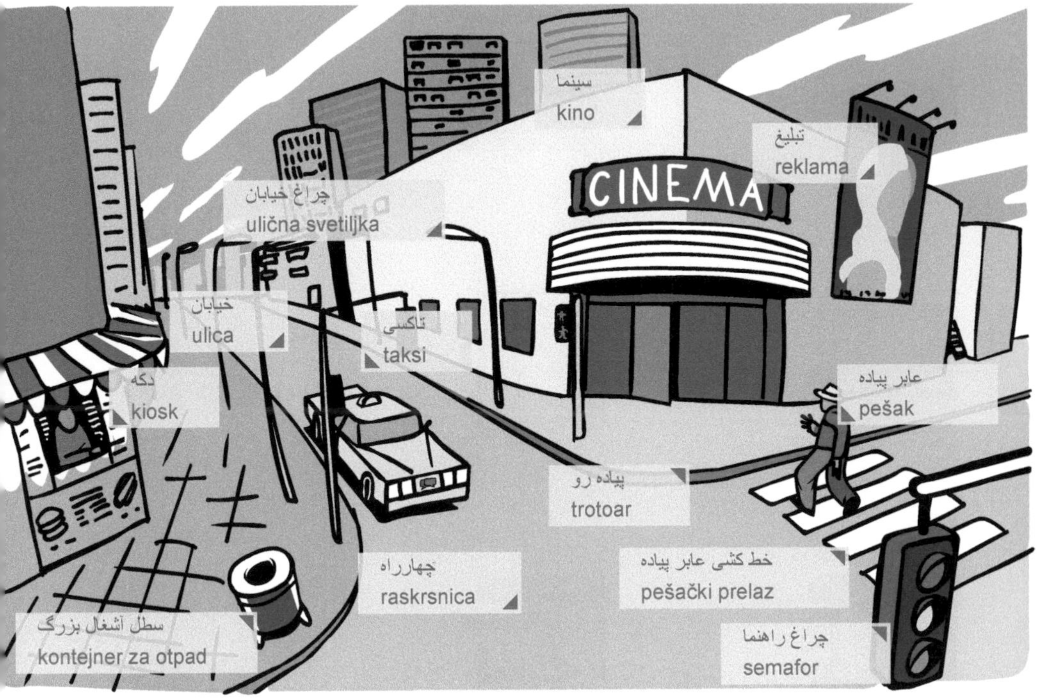

سینما
kino

تبلیغ
reklama

چراغ خیابان
ulična svetiljka

خیابان
ulica

تاکسی
taksi

دکه
kiosk

عابر پیاده
pešak

پیاده رو
trotoar

چهارراه
raskrsnica

خط کشی عابر پیاده
pešački prelaz

سطل آشغال بزرگ
kontejner za otpad

چراغ راهنما
semafor

کلبه
koliba

آپارتمان
stan

ایستگاه قطار
železnička stanica

ساختمان شهرداری
većnica

موزه
muzej

مدرسه
škola

دانشگاه

univerzitet

بانک

banka

بیمارستان

bolnica

هتل

hotel

داروخانه

apoteka

اداره

kancelarija

کتابفروشی

knjižara

مغازه

prodavnica

گل فروشی

cvećara

سوپرمارکت

supermarket

بازار

trg

فروشگاه بزرگ

robna kuća

ماهی فروش

ribarnica

مرکز خرید

trgovački centar

بندر

luka

پارک

park

نیمکت

klupa

پل

most

پله

stepenice

مترو

podzemna železnica

تونل

tunel

ایستگاه اتوبوس

autobuska stanica

میخانه

bar

رستوران

restoran

صندوق پست

poštansko sanduče

تابلوی خیابان

ulični znak

دستگاه پارکومتر

parkirni automat

باغ وحش

zoološki vrt

استخر شنای عمومی

bazen

مسجد

džamija

مزرعه

seosko gazdinstvo

آلودگی محیط زیست

zagađenje okoline

قبرستان

groblje

کلیسا

crkva

زمین بازی

igralište

معبد

hram

چشم انداز

pejsaž

برگ
list
تابلوی راهنمای مسیر
putokaz
راه
put
چمنزار
livada
سنگ
kamen
راه نورد
šetač
درخت
drvo
رودخانه
reka
چمن
trava
گل
cvijet

دره

dolina

تپه

planina

دریاچه

jezero

جنگل

šuma

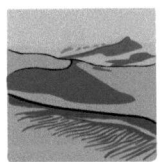

بیابان

pustinja

کوه آتشفشان

vulkan

قلعه

dvorac

رنگین کمان

duga

قارچ

gljiva

درخت نخل

palma

پشه

moskito

مگس

muva

مورچه

mrav

زنبور

pčela

عنکبوت

pauk

سوسک
....
buba

قورباغه
....
žaba

سنجاب
....
veverica

جوجه تیغی
....
jež

خرگوش صحرایی
....
zec

جغد
....
sova

پرنده
....
ptica

قو
....
labud

گراز
....
divlja svinja

گوزن نر
....
jelen

گوزن شمالی
....
los

سد آب
....
nasip

توربین بادی
....
vetrenjača

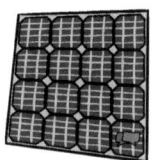

صفحه ی خورشیدی
....
solarna ploča

آب و هوا
....
klima

رستوران
restoran

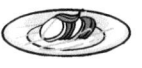

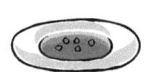

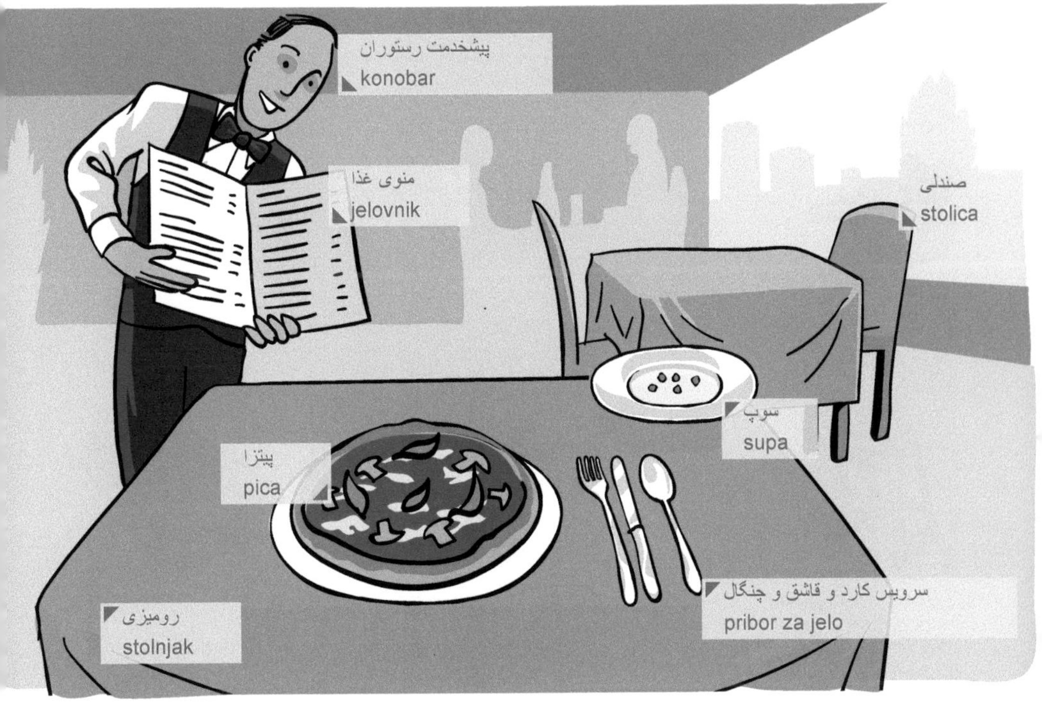

پیشخدمت رستوران
konobar
منوی غذا
jelovnik
صندلی
stolica
سوپ
supa
پیتزا
pica
سرویس کارد و قاشق و چنگال
pribor za jelo
رومیزی
stolnjak

پیش‌غذا
....
predjelo

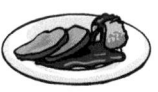

غذای اصلی
....
glavno jelo

دسر
....
desert

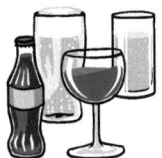

نوشیدنی ها
....
napitci

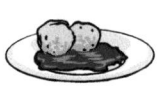

غذا
....
jelo

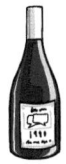

بطری
....
flaša

فست فود

brza hrana

اغذیه خیابانی

imbis hrana

قوری

čajnik

قندان

doza za šećer

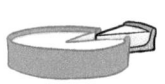

پُرس غذا

porcija

دستگاه اسپرسو

aparat za espresso

صندلی پایه بلند غذاخوری بچه

visoka stolica

صورتحساب

račun

سینی

poslužavnik

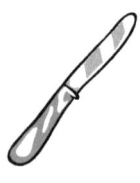

چاقو

nož

چنگال

viljuška

قاشق

kašika

قاشق چایخوری

čajna kašika

دستمال سفره

salveta

لیوان

čaša

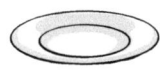

بشقاب

tanjir

بشقاب سوپخوری

tanjir za supu

نعلبکی

tanjirić

سس

sos

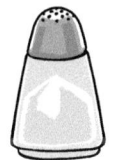

نمکدان

soljenka

فلفل ساب

mlin za biber

سرکه

sirće

روغن خوراکی

ulje

ادویه جات

začini

سس کچاپ

kečap

سس خردل

senf

سس مایونز

majoneza

سوپرمارکت
supermarket

پیشنهاد ویژه
ponuda
مشتری
kupac
لبنیات
mlečni proizvodi
میوه جات
voće
چرخ دستی خرید
kolica za kupovinu

قصابی

mesnica

نانوایی

pekara

وزن کردن

vagati

سبزیجات

povrće

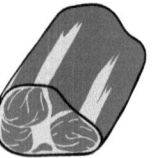

گوشت

meso

غذای منجمد

smrznuta hrana

مخلوطی از انواع کالباس یا پنیر که
ورقه ای بریده شده باشند
....
narezak

غذای کنسروی
....
konzerve

پودر لباسشویی
....
sredstvo za pranje

شیرینی جات
....
slatkiši

لوازم خانگی
....
artikli za domaćinstvo

ماده شوینده و پاک کننده
....
sredstva za čišćenje

فروشنده
....
prodavačica

صندوق پرداخت
....
blagajna

صندوقدار
....
blagajnik

لیست خرید
....
lista za kupovinu

ساعات کار
....
vreme rada

کیف پول
....
novčanik

کارت اعتباری
....
kreditna kartica

کیف
....
torba

کیسه ی پلاستیکی
....
plastična kesa

نوشیدنی ها
napitci

آب

voda

آبمیوه

sok

شیر

mleko

نوشابه کوکاکولا

kola

شراب

vino

آبجو

pivo

الکل

alkohol

کاکائو

kakao

چای

čaj

قهوه

kava

قهوه اسپرسو

espresso

کاپوچینو

cappuccino

غذا

jelo

موز

banana

سیب

jabuka

پرتقال

narandža

انواع هندوانه و خربزه

lubenica

لیمو

limun

هویج

šargarepa

سیر

beli luk

نی بامبو

bambus

پیاز

luk

قارچ

gljiva

آجیل

orašasti plodovi

ماکارونی

rezanci

اسپاگتی

špagete

برنج

riža

سالاد

salata

سیب زمینی سرخ کرده

pomfrit

سیب زمینی سرخ شده

pečeni krumpir

پیتزا

pica

همبرگر

hamburger

ساندویچ

sendvič

شنیتسل

šnicla

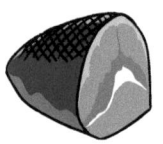

ژامبون خوک

šunka

سالامی

salama

سوسیس

kobasica

مرغ

kokoš

نوعی گوشت سرخ شده

pečenje

ماهی

riba

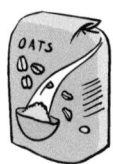

جوی پرک شده
....
zobene pahuljice

نوعی صبحانه مخلوطی از برگه ذرت و
میوه های خشک شده و خشکبار که
معمولا با شیر خورده می شود
....
musli

کورن‌فلکس
....
kukuruzne pahuljice

آرد
....
brašno

کرواسان
....
kroasan

نان بروتشن
....
pecivo

نان
....
hleb

نان تست
....
toast

بیسکویت
....
keksi

کره
....
maslac

کشک
....
sveži sir

کیک
....
kolač

تخم مرغ
....
jaje

تخم مرغ نیمرو
....
jaje na oko

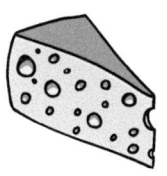

پنیر
....
sir

بستنى

sladoled

شكر

šećer

عسل

med

مربا

marmelada

کرم شکلاتی بادامی

nugat krema

ادویه کاری

kari

مزرعه

seosko gazdinstvo

خانه ی مزرعه داران
seoska kuća
bale sena
انبار غله
ambar
مزرعه
polje
اسب
konj
ماشین یدک کش
prikolica
تراکتور
traktor
کره اسب
ždrebe
خر
magarac
گوسفند
ovca
بره
lane

بز
koza

گاو ماده
krava

گوساله
tele

خوک
svinja

بچه خوک
prase

گاو نر
bik

غاز

guska

اردک

patka

جوجه

pilići

مرغ

kokoš

خروس

petao

موش صحرایی

pacov

گربه

mačka

موش

miš

گاو نر اخته

vol

سگ

pas

لانه ی سگ

kućica za psa

شلنگ باغبانی

vrtno crevo

آبپاش

kanta za polivanje

داس دسته بلند

kosa

گاوآهن

plug

داس
srp

کج بیل
motika

چنگک باغبانی
viljuška za đubrivo

تبر
sekira

فرقون
tačke

آبشخور
korito

بطری نگهداری شیر
posuda za mleko

کیسه
vreća

حصار
ograda

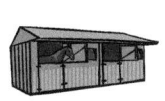

اصطبل
štala

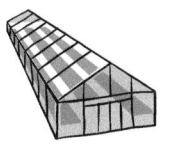

گلخانه
staklenik

خاک
zemlja

بذر
seme

کود
đubrivo

ماشین کمباین
kombajn

برداشت کردن محصول

žeti

محصول

žetva

تمیس

jams začin

گندم

pšenica

سویا

soja

سیب زمینی

krumpir

ذرت

kukuruz

کلزا

uljana repica

درخت میوه

voćka

گیاه مانیوک

gomolj manioke

غلات

žitarice

خانه
kuća

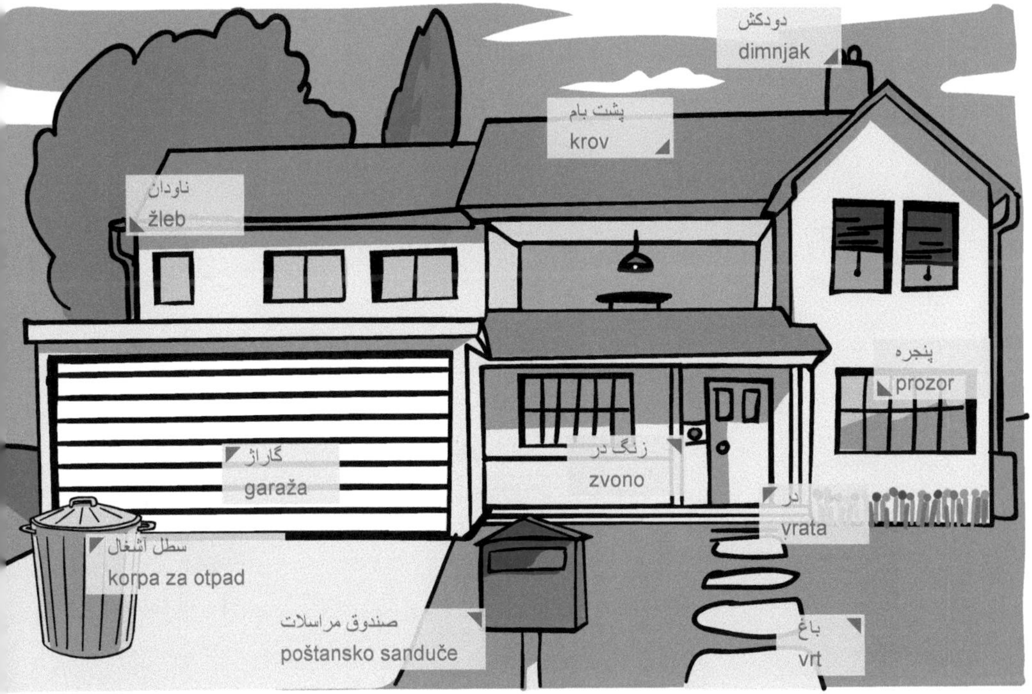

دودکش
dimnjak
پشت بام
krov
ناودان
žleb
پنجره
prozor
گاراژ
garaža
زنگ در
zvono
در
vrata
سطل آشغال
korpa za otpad
صندوق مراسلات
poštansko sanduče
باغ
vrt

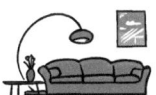

اتاق نشیمن

dnevna soba

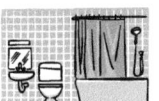

حمام

kupaonica

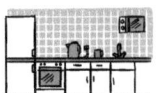

آشپزخانه

kuhinja

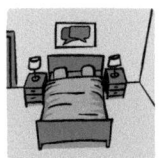

اتاق خواب

spavaća soba

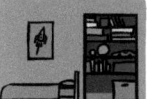

اتاق بچه

dečija soba

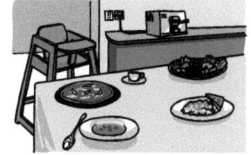

ناهارخوری

trpezarija

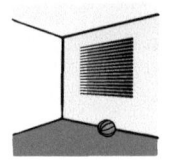

كف زمين

pod

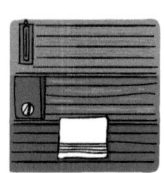

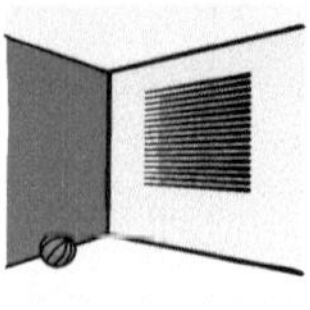

ديوار

zid

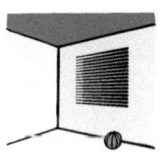

سقف

strop

زيرزمين

podrum

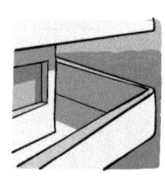

سونا

sauna

بالكن

balkon

تراس

terasa

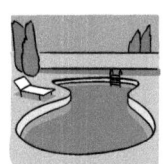

استخر

bazen

ماشين چمنزنى

kosilica za travu

ملافه

posteljina za krevet

روتختى

deka za krevet

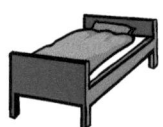

تخت خواب

krevet

جارو

metla

سطل

kanta

سويچ يا كليد

prekidač

خانه - kuća

اتاق نشیمن
dnevna soba

کاغذ دیواری
tapeta
عکس
slika
لامپ
svetiljka
قفسه
regal
کابینت
ormar
تلویزیون
televizija
شومینه
kamin
گل
cvijet
کوسن
jastuk
کاناپه
kauč
گلدان
vaza
کنترل تلویزیون و ویدئو و غیره
daljinski upravljač

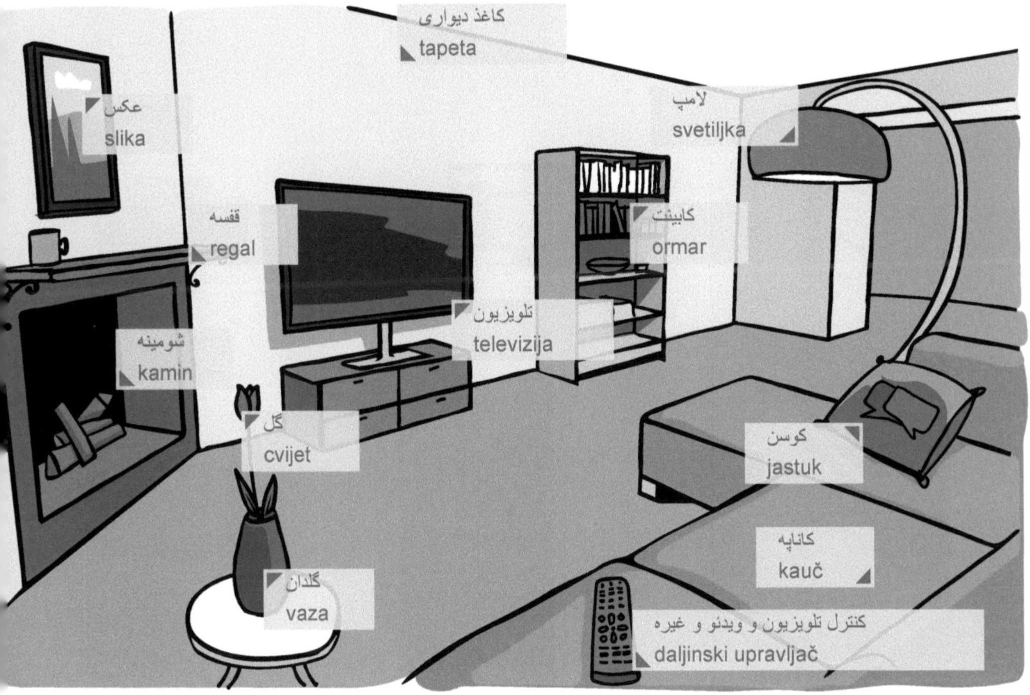

فرش

tepih

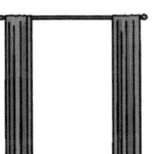

پرده

zavesa

میز

sto

صندلی

stolica

صندلی گهواره ایی

stolica za njihanje

صندلی راحتی

fotelja

كتاب
....
knjiga

لحاف
....
deka

دكوراسيون
....
dekoracija

هيزم
....
drvo za ogrev

فيلم
....
film

دستگاه ضبط صوت
....
hi-fi uređaj

كليد
....
ključ

روزنامه
....
novine

تابلو نقاشى
....
slika na platnu

پوستر
....
poster

راديو
....
radio

دفترچه يادداشت
....
blok za pisanje

جاروبرقى
....
usisivač

كاكتوس
....
kaktus

شمع
....
sveća

آشپزخانه
kuhinja

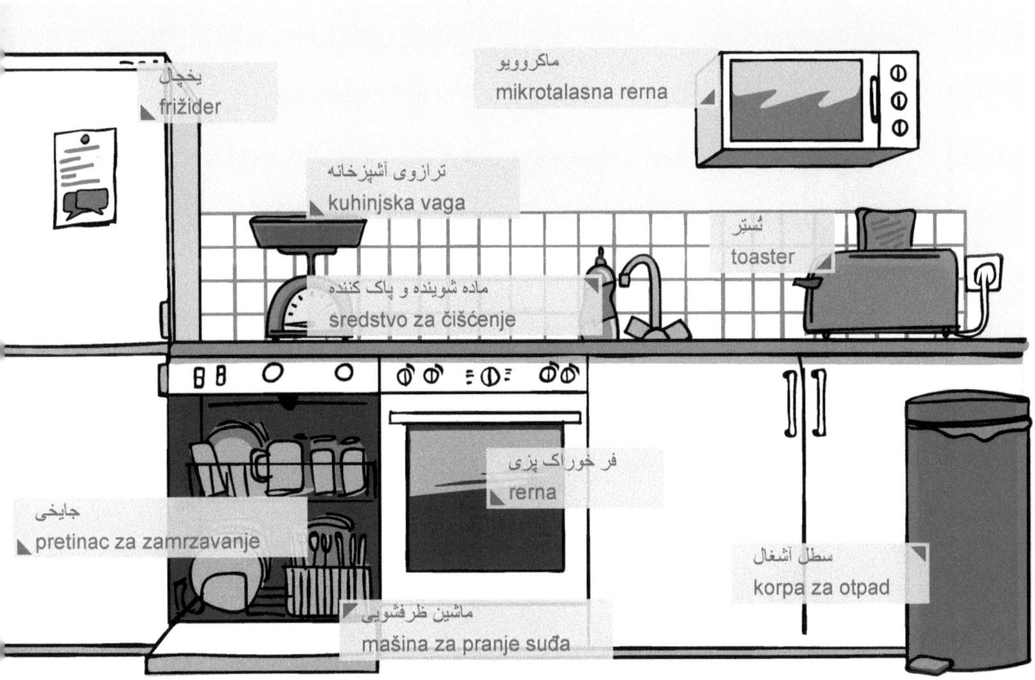

یخچال
frižider
ماکروویو
mikrotalasna rerna
ترازوی آشپزخانه
kuhinjska vaga
تُستِر
toaster
ماده شوینده و پاک کننده
sredstvo za čišćenje
فر خوراک پزی
rerna
جایخی
pretinac za zamrzavanje
سطل آشغال
korpa za otpad
ماشین ظرفشویی
mašina za pranje suđa

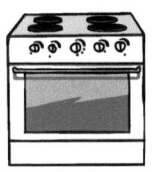

اجاق گاز

šporet

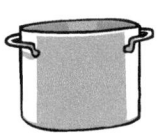

قابلمه

lonac

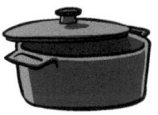

قابلمه چدنی

gvozdeni lonac

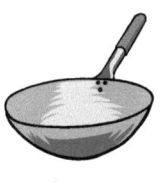

ماهی تابه گود

wok / kadai

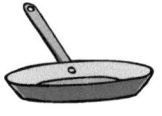

ماهی تابه

tava

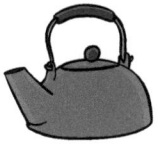

کتری

kuvalo za vodu

بخارپز

kuvalo na paru

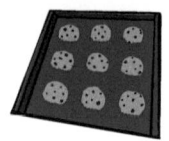

سینی فر

lim za pečenje

ظرف چینی آشپزخانه

posuđe

لیوان

čaša

کاسه

posuda

چاپستیک

štapići za jelo

ملاقه

kutlača

کفگیر

lopatica

همزن

penjača

آبکش

sito za kuvanje

آبکش

sito

رنده

ribež

هاون

mužar

باربیکیو

roštilj

محل مخصوص افروختن آتش

ognjište

تخته گوشت و سبزی

daska

وردنه

oklagija

در بطری بازکن

vadičep

قوطی

konzerva

در قوطی بازکن

otvarač konzervi

دستگیره پارچه ای

krpa za lonac

سینک ظرفشویی

sudoper

برس گردگیری

četka

اسفنج

sunđer

مخلوط کن

mikser

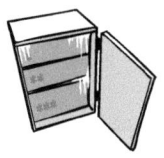

فریزر

zamrzivač

شیشه شیر بچه

flašica za bebe

شیر آب

slavina za vodu

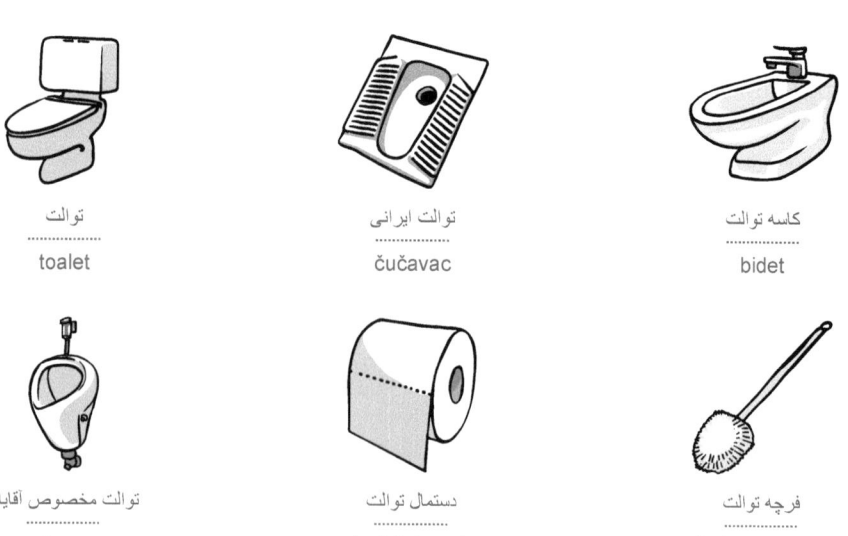

حمام
kupaonica

بخاری
grejanje
حوله
peškir
دوش
tuš
پرده ی حمام
zavesa za tuš
حمام کف
penušava kupka
وان حمام
kada
لیوان
čaša
ماشین لباسشویی
mašina za pranje veša
کاشی
pločice
شیر آب
slavina za vodu
لگن دستشویی کودکان
tuta
سینک ظرفشویی
sudoper

توالت
toalet

توالت ایرانی
čučavac

کاسه توالت
bidet

توالت مخصوص آقایان
pisoar

دستمال توالت
toaletni papir

فرچه توالت
četka za toalet

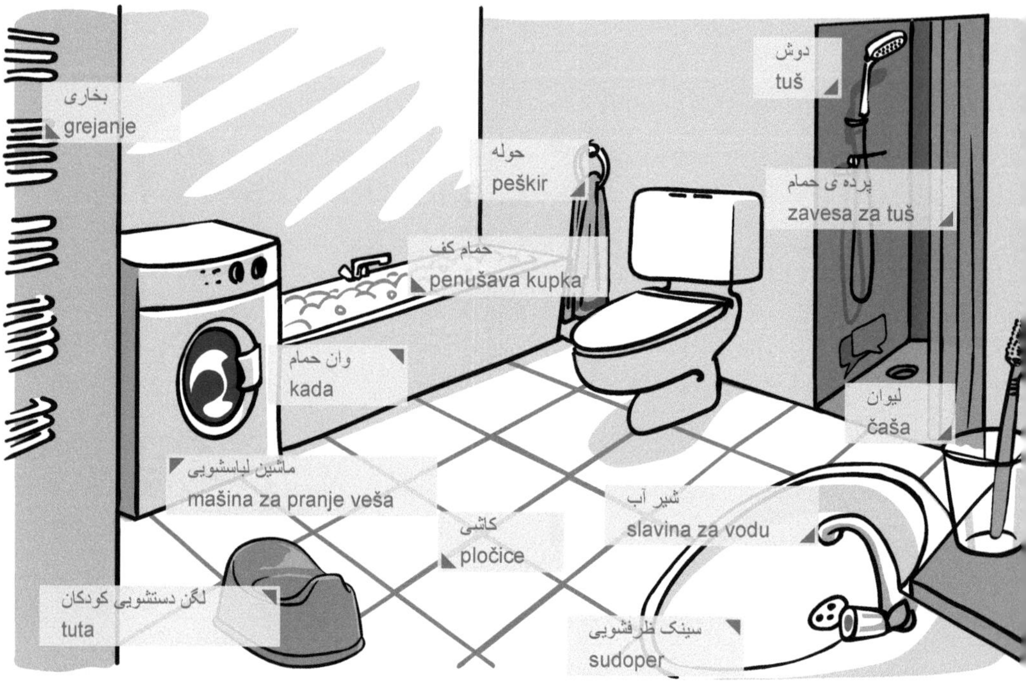

مسواک

četkica za zube

خمیردندان

pasta za zube

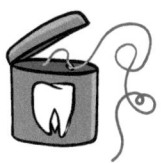

نخ دندان

konac za zube

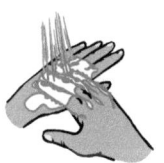

شستن

prati

دوش آب تلفنی

tuš ručica

شلنگ توالت

tuš za pranje intimnih delova

لگن روشویی

lavor

برس شست و شوی پشت

četka za pranje leđa

صابون

sapun

شامپو بدن

gel za tuširanje

شامپو

šampon

لیف حمام

krpa za pranje

راه آب

odvod

کرم

krema

اسپری دئودورانت

dezodorans

آیینه
....
ogledalo

آیینه ی کوچک دستی
....
kozmetičko ogledalo

تیغ ریش تراشی
....
brijač

کف ریش‌تراشی
....
pena za brijanje

آفترشیو
....
losion za posle brijanja

شانه ی سر
....
češalj

برس
....
četka

سشوار
....
fen za kosu

اسپری مو
....
sprej za kosu

آرایش
....
makeup

رژلب
....
ruž za usne

لاک ناخن
....
lak za nokte

پنبه
....
vata

قیچی ناخن
....
makaze za nokte

عطر
....
parfem

کیف لوازم آرایشی و بهداشتی

kozmetička torbica

چهارپایه

stolica

ترازو

vaga

حوله ی پالتویی

ogrtač

دستکش ظرفشویی

rukavice za čišćenje

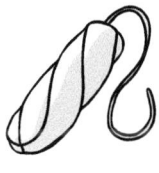

تامپون

tampon

نوار بهداشتی

uložak

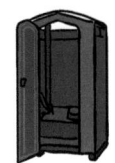

توالت سیار

hemijski toalet

اتاق بچه

dečija soba

ساعت زنگدار
budilnik
نوعی عروسک نرم به شکل حیوانات
plišana igračka
ماشین اسباب بازی
auto igračka
جغجغه
zvečka
خانه ی عروسکی
kućica za lutke
کادو
poklon

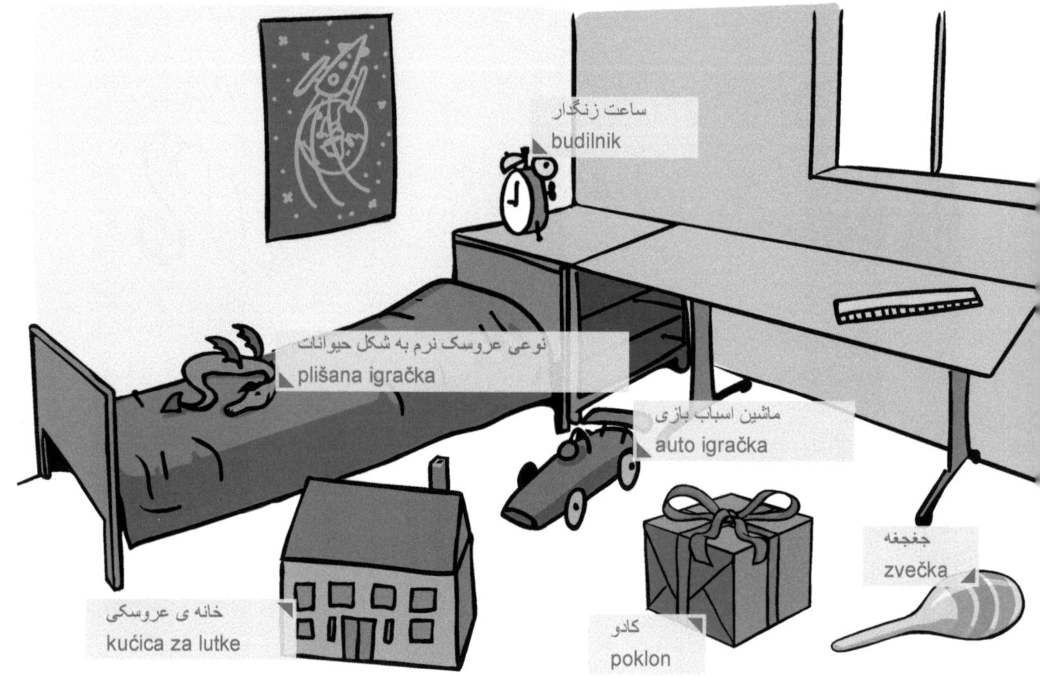

بادکنک

balon

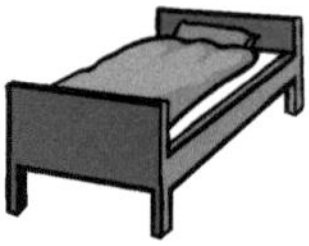

تخت خواب

krevet

کالسکه بچه

dječija kolica

بازی ورق

igra s kartama

پازل

slagalica

داستان مصور

strip

اسباب بازی لگو

lego kockice

خانه سازی

kockice za slaganje

عروسک شخصیت های فیلم و کارتون

akcioni junak

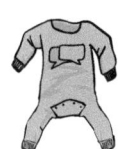

لباس نوزاد

benkica za bebe

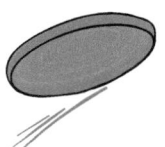

فریزبی

frizbi

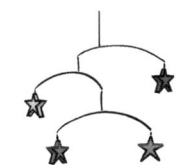

نوعی اسباب بازی که روی تخت نوزاد
یا کودک نصب می شود

viseće igračke

بازی روی صفحه

društvene igre

تاس

kocka

قطار اسباب بازی

minijaturna željeznica

پستانک

duda

مهمانی

zabava

کتاب مصور

slikovnica

توپ

lopta

عروسک

lutka

بازی کردن

igrati

جعبه شنی مخصوص بازی کودکان

....

pješčanik

تاب

....

ljuljačka

اسباب بازی

....

igračka

کنسول بازی های کامپیوتری

....

konzola za igre

سه چرخه

....

tricikl

خرس عروسکی

....

tedi

کمد لباس

....

ormar

لباس

odeća

جوراب

....

kratke čarape

جوراب زنانه ساق بلند

....

čarape

جوراب شلواری

....

hulahopke

شال
šal

چتر
kišobran

كمربند
kaiš

تی شرت
majica

كفش ورزشی كتانی
patike

پوتین
čizme

دمپایی
papuče

صندل
....
sandale

كفش
....
cipele

چكمه پلاستیكی
....
gumene čizme

شرت
....
gaćice

سوتین
....
grudnjak

جلیقه
....
potkošulja

بادی

bodi

شلوار

pantalone

جين

farmerke

دامن

suknja

بلوز

bluza

پيراهن

košulja

پوليور

džemper

سويی شرت

džemper s kapuljačom

نوعی کت

sako

ژاکت

jakna

کت بلند

kaput

بارانی

kabanica

لباس نمايش

kostim

لباس

haljina

لباس عروس

venčanica

کت و شلوار

odelo

لباس خواب زنانه

spavaćica

پیژامه

pidžama

ساری

sari

روسری

marama za glavu

عمامه

turban

برقع

burka

قبا

kaftan

عبا

abaja

لباس شنا

kupaći kostim

شرت شنا

kupaće gaćice

شلوارک

kratke pantalone

لباس ورزشی

odeća za trening

پیشبند

kecelja

دستکش

rukavice

دكمه

dugme

عینک

naočare

دستبند

narukvica

گردنبند

ogrlica

انگشتر

prsten

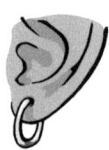

گوشواره

naušnica

كلاه لبه دار

kapa

چوب لباسی

vešalica

كلاه

šešir

كراوات

kravata

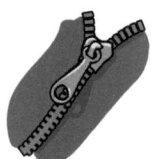

زیپ

patent zatvarač

كلاه ايمنی

kaciga

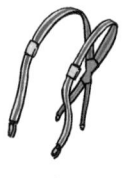

بند شلوار

naramenice

لباس مدرسه

školska uniforma

لباس فرم

uniforma

پیش بند بچه

podbradak

پستانک

duda

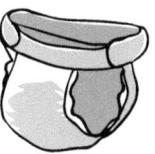

پوشک بچه

pelena

اداره

kancelarija

سرور
server
کمد نگهداری پرونده
ormar za spise
چاپگر
štampač
کاغذ
papir
مانیتور
monitor
ماوس
miš
میز تحریر
pisaći stol
زونکن
mapa
صفحه کلید
tastatura
سبد کاغذ باطله
košara za papir
کامپیوتر
kompjuter
صندلی
stolica

لیوان قهوه

šalica za kavu

ماشین حساب

kalkulator

اینترنت

internet

لپ تاپ

laptop

نامه

pismo

پیغام

poruka

تلفن همراه

mobilni telefon

شبکه ی ارتباطی

mreža

دستگاه فتوکپی

uređaj za kopiranje

نرم افزار

softver

تلفن

telefon

پریز

utičnica

دستگاه فاکس

faks

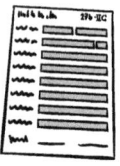

فرم

formular

مدرک

dokument

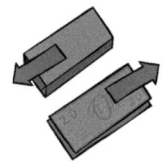

خریدن
....
kupovati

پرداخت کردن
....
platiti

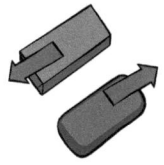

تجارت کردن
....
trgovati

پول
....
novac

دلار
....
dolar

یورو
....
evro

ین
....
jen

روبل
....
rublja

فرانک سوئیس
....
švajcarski franak

یوان رنمینبی
....
renmindbi juan

روپیه
....
rupija

دستگاه خودپرداز
....
automat za novac

صرافی
menjačnica

طلا
zlato

نقره
srebro

نفت
nafta

انرژی
energija

قیمت
cena

قرارداد
ugovor

مالیات
porez

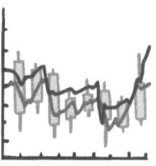

سهام سرمایه
deonica

کار کردن
raditi

کارمند
službenik

کارفرما
poslodavac

کارخانه
fabrika

مغازه
prodavnica

مشاغل

zanimanja

مامور پلیس
policajac
آتش نشان
vatrogasac
آشپز
kuvar
دکتر
lekar
خلبان
pilot

باغبان

vrtlar

نجار

stolar

خیاط زنانه

krojačica

قاضی

sudija

شیمیدان

hemičar

بازیگر

glumac

راننده اتوبوس

vozač autobusa

راننده تاکسی

vozač taksija

ماهیگیر

ribar

نظافتچی زن

čistačica

سقف ساز

krovopokrivač

پیشخدمت رستوران

konobar

شکارچی

lovac

نقاش

slikar

نانوا

pekar

برقکار

električar

کارگر ساختمانی

građevinski radnik

مهندس

inženjer

قصاب

mesar

لوله کش

limar

پستچی

poštar

سرباز

vojnik

معمار

arhitekta

صندوق‌دار

blagajnik

گل فروش

cvećar

آرایشگر

frizer

مامور کنترل بلیط در قطار

kondukter

مکانیک

mehaničar

ناخدا

kapetan

دندانپزشک

zubar

دانشمند

naučnik

عالم یهودی

rabi

امام

imam

راهب

monah

کشیش

svećenik

ابزارآلات

alati

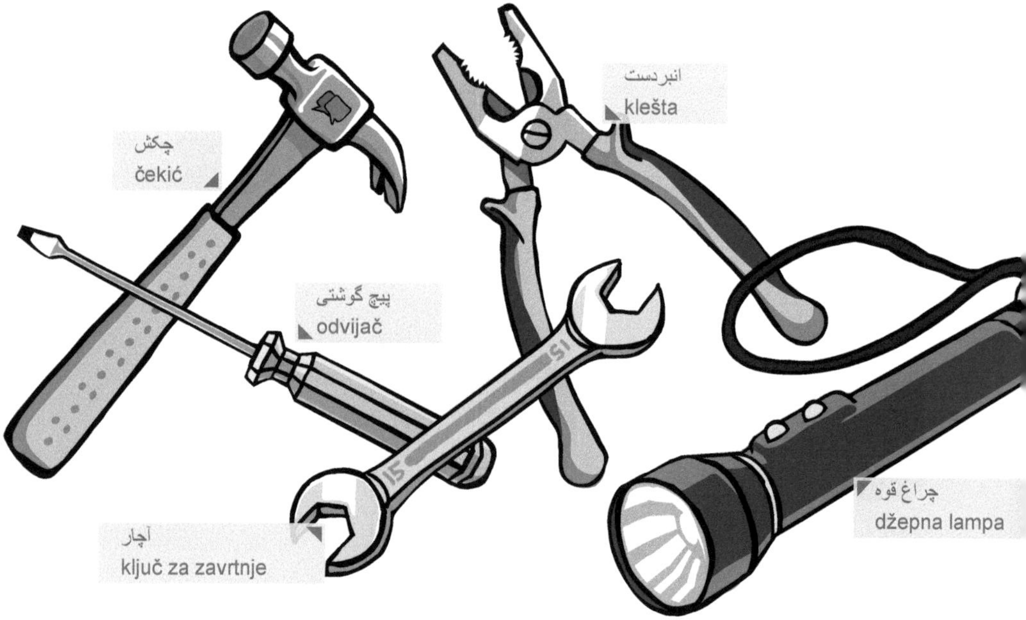

چکش
čekić

انبردست
klešta

پیچ گوشتی
odvijač

آچار
ključ za zavrtnje

چراغ قوه
džepna lampa

بیل مکانیکی
bager

جعبه ابزار
kutija za alat

نردبان
merdevine

ارّه
pila

میخ
ekser

مته
bušilica

تعمیر کردن

popraviti

بیل

lopata

لعنتی!

do đavola!

خاک انداز

lopatica

سطل رنگرزی

lonac za boju

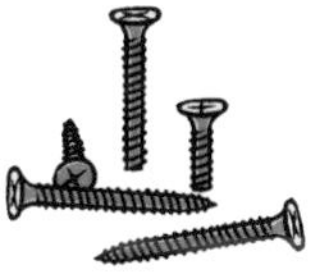

پیچ

zavrtanji

آلات موسیقی

muzički instrument

بلندگو
zvučnik

درامز
bubnjevi

گیتار
gitara

کنترباس
kontrabas

ترومپت
truba

پیانو

klavir

ویولن

violina

گیتار بیس

bas

تیمپانی

timpani

طبل

udaraljke za bubnjeve

کیبورد الکتریک

tipke klavira

ساکسیفون

saksofon

فلوت

flauta

میکروفون

mikrofon

آلات موسیقی - muzički instrument

باغ وحش
zoološki vrt

ulaz
ببر
قفس
kavez
گورخر
zebra
خوراک حیوانات
hrana za životinje
خرس پاندا
panda

حیوانات

životinje

فیل

slon

کانگورو

kengur

کرگدن

nosorog

گوریل

gorila

خرس

medved

شتر

kamila

شترمرغ

noj

شیر

lav

میمون

majmun

فلامینگو

flamingo

طوطی

papagaj

خرس قطبی

polarni medved

پنگوئن

pingvin

کوسه

ajkula

طاووس

paun

مار

zmija

تمساح

krokodil

نگهبان باغ وحش

čuvar u zoološkom vrtu

خوک آبی

tuljan

پلنگ امریکایی

jaguar

اسب کوچک
·············
poni

پلنگ
·············
leopard

اسب آبی
·············
nilski konj

زرافه
·············
žirafa

عقاب
·············
orao

گراز
·············
divlja svinja

ماهی
·············
riba

لاک پشت
·············
kornjača

شیرماهی
·············
morž

روباه
·············
lisica

غزال
·············
gazela

ورزش ها

sport

فوتبال آمریکایی
američki nogomet
دوچرخه سواری
biciklizam
تنیس
tenis
بسکتبال
košarka
شنا
plivanje
هاکی روی یخ
hokej na ledu
بوکس
boks

فوتبال

fudbal

بدمینتون

badminton

دوومیدانی

atletika

هندبال

rukomet

اسکی

skijanje

پولو

polo

فعالیت ها
aktivnosti

خندیدن
smejati se
پریدن
skočiti
بغل کردن
zagrliti
راه رفتن
ići
آواز خواندن
pevati
رؤیا دیدن
sanjati
دعا کردن
moliti se
بوسیدن
poljubiti

نوشتن

pisati

رسم کردن

crtati

نشان دادن

pokazati

هل دادن

gurati

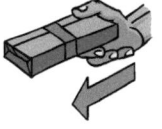

دادن

dati

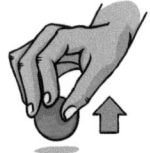

برداشتن

uzeti

داشتن
....
imati

انجام دادن
....
činiti

بودن
....
biti

ایستادن
....
stojati

دویدن
....
trčati

کشیدن
....
povlačiti

پرتاب کردن
....
baciti

افتادن
....
padati

دراز کشیدن
....
ležati

منتظر بودن
....
čekati

حمل کردن
....
nositi

نشستن
....
sediti

لباس پوشیدن
....
oblačiti

خوابیدن
....
spavati

بیدار شدن
....
probuditi se

تماشا کردن

gledati

گریه کردن

plakati

نوازش کردن

milovati

شانه کردن

češljati

حرف زدن

govoriti

فهمیدن

razumeti

پرسیدن

pitati

شنیدن

slušati

آشامیدن

piti

خوردن

jesti

مرتب کردن

pospremiti

عاشق بودن

voleti

پختن

kuhati

رانندگی کردن

voziti

پرواز کردن

leteti

قایقرانی کردن
....
ploviti

محاسبه کردن
....
računati

خواندن
....
čitati

یاد گرفتن
....
učiti

کار کردن
....
raditi

ازدواج کردن
....
venčati se

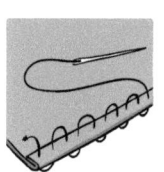

دوختن
....
šiti

مسواک زدن
....
prati zube

کشتن
....
ubiti

سیگار کشیدن
....
pušiti

فرستادن
....
poslati

خانواده
porodica

مادربزرگ
baka
پدربزرگ
deda
پدر
otac
مادر
majka
کودک
beba
فرزند دختر
kćerka
فرزند پسر
sin

مهمان

gost

خاله، عمه

tetka

دایی، عمو

ujak, stric

برادر

brat

خواهر

sestra

بدن

telo

پیشانی
čelo
چشم
oko
شانه
rame
انگشت دست
prst
صورت
lice
چانه
brada
دست
ruka
سینه
grudi
ساق پا
noga
بازو
ruka

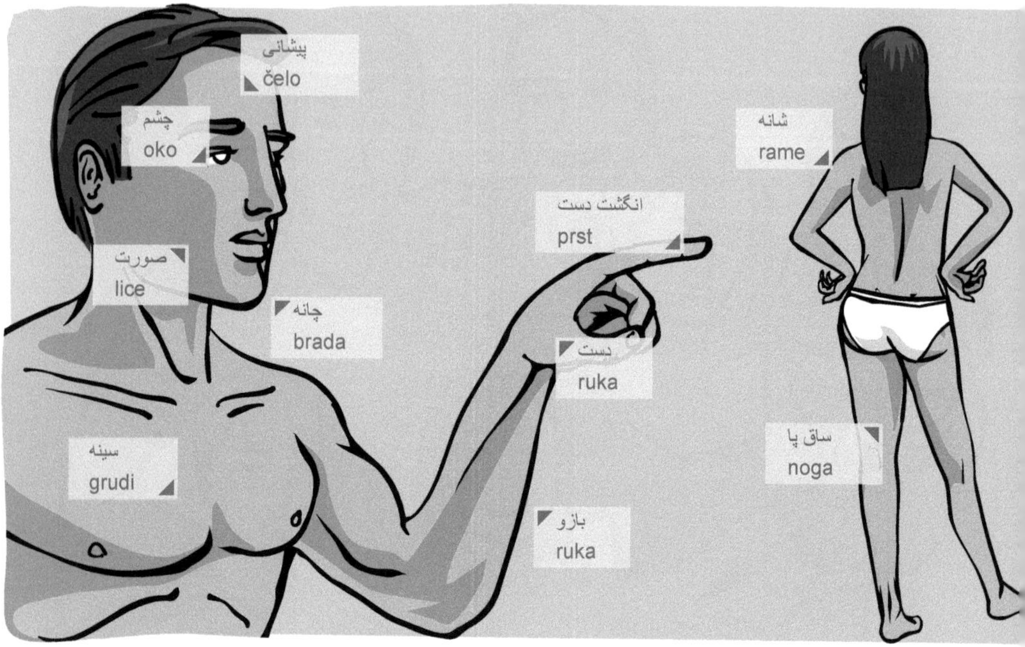

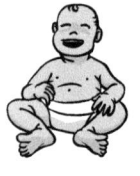

کودک

beba

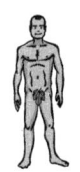

مرد

muškarac

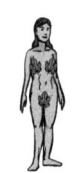

زن

žena

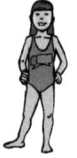

دختربچه

devojčica

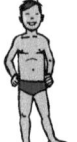

پسربچه

dečak

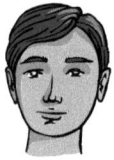

کله

glava

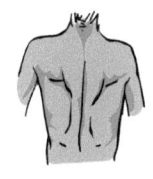

کمر

leđa

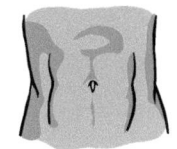

شکم

stomak

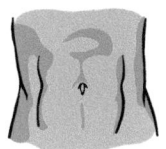

ناف

pupak

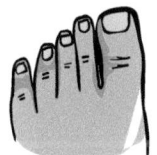

انگشت پا

nožni prst

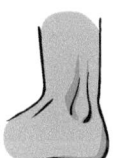

پاشنه

peta

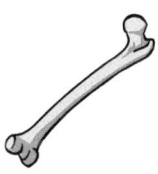

استخوان

kost

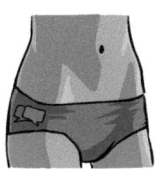

لگن

kukovi

زانو

koleno

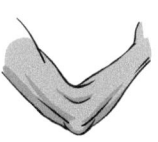

آرنج

lakat

بینی

nos

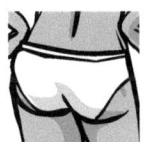

نشیمنگاه

zadnjica

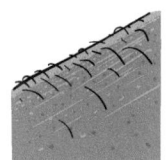

پوست

koža

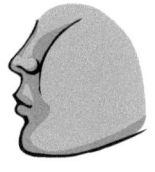

گونه

obraz

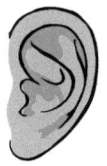

گوش

uvo

لب

usna

بدن - telo

69

دهان
....
usta

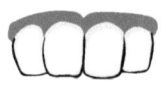

دندان
....
zub

زبان
....
jezik

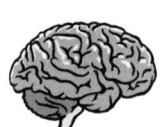

مغز
....
mozak

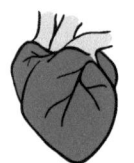

قلب
....
srce

عضله
....
mišić

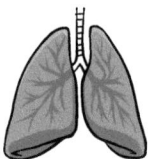

ريه
....
pluća

كبد
....
jetra

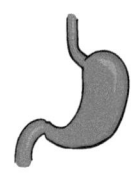

معده
....
želudac

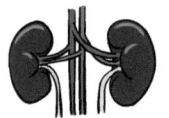

كليه
....
bubrezi

آميزش جنسى
....
polni odnos

كاندوم
....
kondom

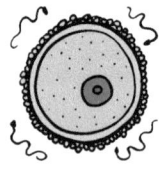

تخمك
....
jajna ćelija

اسپرم
....
sperma

حاملگى
....
trudnoća

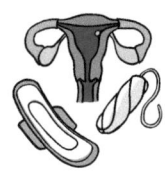

پریود

menstruacija

واژن

vagina

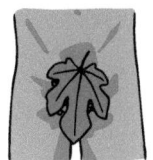

آلت تناسلی مرد

penis

ابرو

obrva

مو

kosa

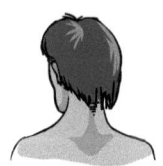

گردن

vrat

بیمارستان
bolnica

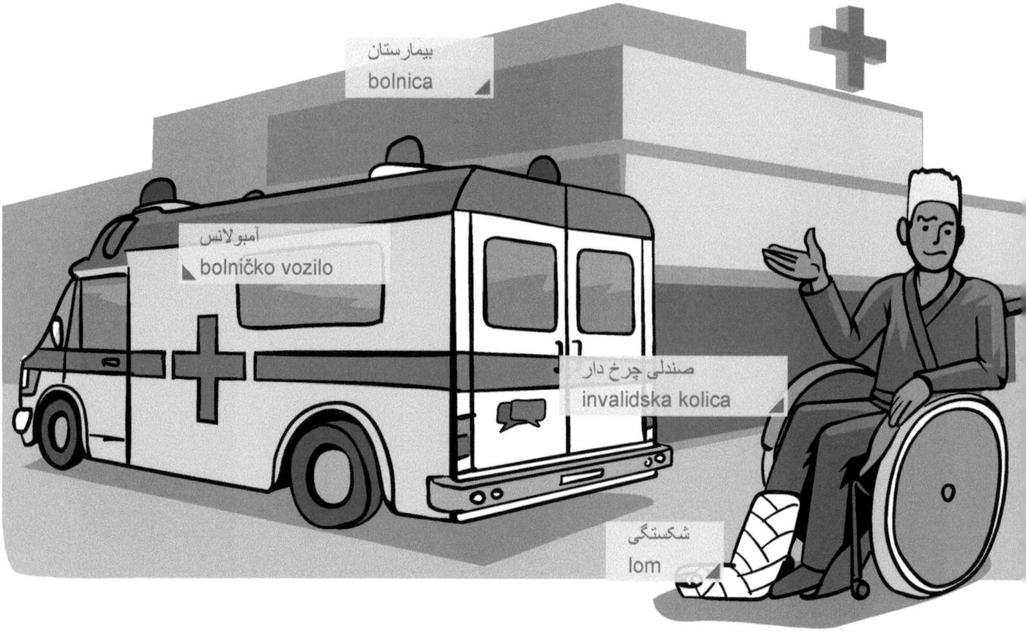

بیمارستان
bolnica
آمبولانس
bolničko vozilo
صندلی چرخ دار
invalidska kolica
شکستگی
lom

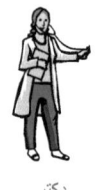

دکتر
lekar

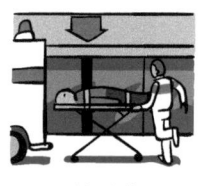

بخش اورژانس
hitna medicinska služba

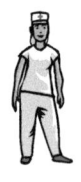

پرستار
medicinska sestra

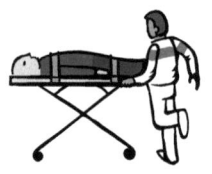

موقعیت اضطراری
hitni slučaj

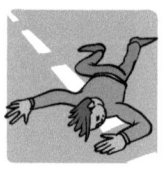

بی هوش
nesvest

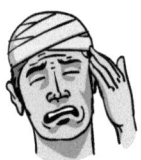

درد
bol

مصدومیت

povreda

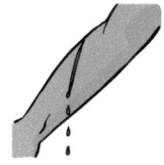

خونریزی

krvarenje

سکته قلبی

srčani udar

سکته مغزی

udar

آلرژی

alergija

سرفه

kašalj

تب

groznica

آنفولانزا

gripa

اسهال

proliv

سردرد

glavobolja

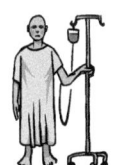

سرطان

rak

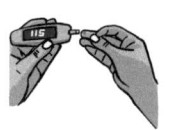

دیابت

dijabetes

جراح

hirurg

چاقوی جراحی

skalpel

عمل جراحی

operacija

سی تی اسکن

....

ct

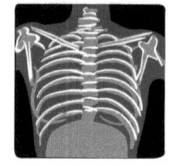

پرتونگاری

....

rentgen

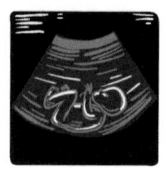

سونوگرافی

....

ultrazvuk

ماسک صورت

....

maska

بیماری

....

bolest

اتاق انتظار

....

čekaona

چوب زیر بغل

....

štaka

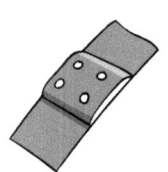

چسب زخم

....

flaster

پانسمان

....

zavoj

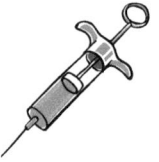

تزریق

....

injekcija

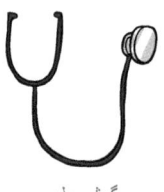

گوشی طبی

....

stetoskop

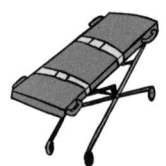

برانکار

....

nosila

دماسنج

....

termometar

زایش

....

rođenje

اضافه وزن

....

prekomerna težina

سمعک

slušni aparat

ماده ضد غفونی کننده

sredstvo za dezinfekciju

عفونت

infekcija

ویروس

virus

اچ آی وی / ایدز

HIV / AIDS

دارو

medicina

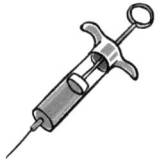

واکسیناسیون

vakcinacija

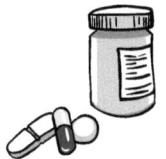

قرص

tablete

قرص ضد حاملگی

pilula

تماس اظطراری

hitni poziv

دستگاه اندازه گیری فشارخون

uređaj za merenje pritiska

مریض / سالم

bolesno / zdravo

موقعیت اضطراری
hitni slučaj

کمک!

pomoć!

آژیر خطر

alarm

حمله

nasrtaj

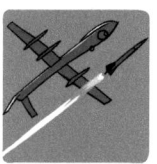

حمله ی فیزیکی

napad

خطر

opasnost

خروج اظطراری

izlaz u slučaju nužde

آتش

požar!

کپسول آتش‌نشانی

protivpožarni aparat

تصادف

nezgoda

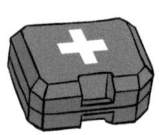

جعبه کمک های اولیه

kutija prve pomoći

درخواست کمک

sos

پلیس

policija

کره زمین

zemlja

اروپا

....

Evropa

آمریکای شمالی

....

Severna Amerika

آمریکای جنوبی

....

Južna Amerika

آفریقا

....

Afrika

آسیا

....

Azija

استرالیا

....

Australija

اقیا نوس اطلس

....

Atlantik

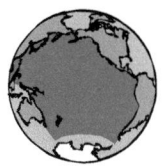

اقیانوس آرام

....

Pacifik

اقیانوس هند

....

Indijski okean

اقیا نوس اطلس جنوبی

....

Antarktički okean

اقیانوس منجمد شمالی

....

Arktički ocean

قطب شمال

....

Severni pol

قطب جنوب

Južni pol

قاره قطب جنوب

Antarktik

کره زمین

zemlja

سرزمین

zemlja

دریا

more

جزیره

otok

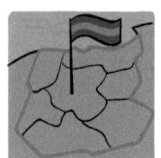

ملت

nacija

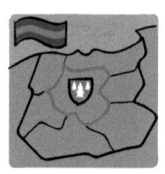

کشور

država

ساعت

sat

صفحه ی ساعت

brojčanik sata

ساعت شمار

satna kazaljka

دقیقه شمار

minutna kazaljka

ثانیه شمار

sekundna kazaljka

ساعت چند است؟

Koliko je sati?

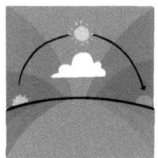

روز

dan

زمان

vreme

اکنون

sada

ساعت دیجیتال

digitalni sat

دقیقه

minuta

ساعت

čas

هفته
sedmica

دوشنبه
ponedeljak
چهارشنبه
sreda
جمعه
petak
شنبه
subota
سه شنبه
utorak
پنج شنبه
četvrtak
یک شنبه
nedelja

دیروز
....
juče

امروز
....
danas

فردا
....
sutra

صبح
....
jutro

ظهر
....
podne

غروب
....
veče

روزهای کاری
....
radni dani

آخر هفته
....
vikend

سال
godina

باران
kiša
رنگین کمان
duga
باد
vetar
برف
sneg
بهار
proleće
پاییز
jesen
تابستان
leto
زمستان
zima

پیش‌بینی اوضاع جوی

meteorološka prognoza

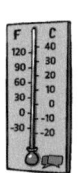

دماسنج

termometar

تابش آفتاب

sunčana svetlost

ابر

oblak

مِه

magla

رطوبت هوا

vlažnost vazduha

صاعقه

munja

آسمان غره

grmljavina

طوفان

oluja

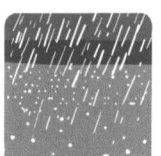

تگرگ

tuča

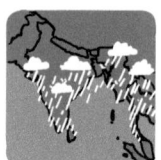

باد موسمی

monsun

سیل

poplava

یخ

led

ژانویه

januar

فوریه

februar

مارس

mart

آوریل

april

مه

maj

ژوئن

juni

ژوئیه

juli

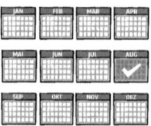

آگوست

avgust

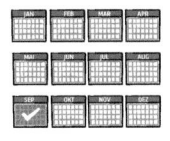

سپتامبر

septembar

أکتبر

oktobar

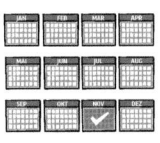

نوامبر

novembar

دسامبر

decembar

اَشکال

oblici

دایره

krug

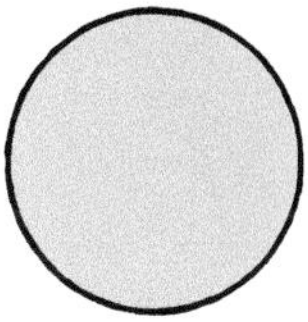

مربع

kvadrat

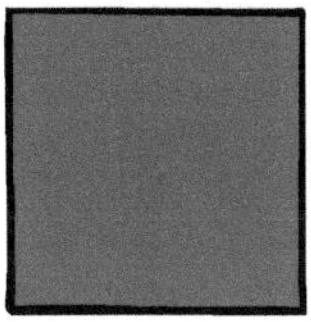

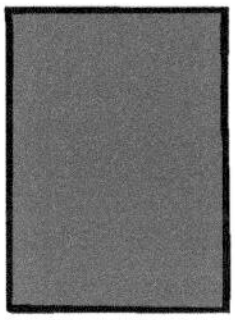

مستطیل

pravougao

سه گوش

trougao

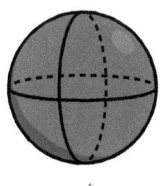

گره

kugla

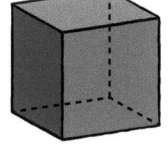

مکعب مربع

kocka

رنگ ها

boje

سفید

bela

زرد

žuta

نارنجی

narandžasta

صورتی

ružičasta

قرمز

crvena

بنفش

ljubičasta

آبی

plava

سبز

zelena

قهوه ای

smeđa

خاکستری

siva

سیاه

crna

متضاد ها
suprotnosti

خیلی / کم

mnogo / malo

خشمگین/ آرام

ljutito / mirno

زیبا / زشت

lepo / ružno

شروع / پایان

početak / kraj

بزرگ / کوچک

veliko / maleno

روشن / تیره

svetlo / tamno

برادر / خواهر

brat / sestra

تمیز / آلوده

čisto / prljavo

کامل / ناقص

potpuno / nepotpuno

روز / شب

dan / noć

مرده / زنده

mrtvo / živo

پهن / باریک

široko / usko

قابل خوردن / غیر قابل خوردن

jestivo / nejestivo

غضبناک / مهربان

zlo / dobro

هیجان زده / بی حوصله

uzbuđeno / dosadno

چاق / لاغر

debelo / mršavo

اولین / آخرین

na početku / na kraju

دوست / دشمن

prijatelj / neprijatelj

پر / خالی

puno / prazno

سفت / نرم

tvrdo / mekano

سنگین / سبک

teško / lagano

گرسنگی / تشنگی

glad / žeđ

مریض / سالم

bolesno / zdravo

غیرقانونی / قانونی

ilegalno / legalno

باهوش / خنگ

pametno / glupo

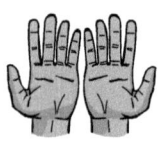

چپ / راست

levo / desno

نزدیک / دور

blizu / daleko

نو / استفاده شده

novo / polovno

هیچ چیز / چیزی

ništa / nešto

پیر / جوان

staro / mlado

روشن / خاموش

uključeno / isključeno

باز / بسته

otvoreno / zatvoreno

آهسته / بلند

tiho / glasno

ثروتمند / فقیر

bogato / siromašno

درست / غلط

tačno / pogrešno

زبر / صاف

hrapavo / glatko

غمگین / خوشحال

tužno / sretno

کوتاه / بلند

kratko / dugo

کند / تند

polako / brzo

تر / خشک

mokro / suho

گرم / خنک

toplo / hladno

جنگ / صلح

rat / mir

اعداد
brojevi

0

صفر

nula

1

یک

jedan

2

دو

dva

3

سه

tri

4

چهار

četiri

5

پنج

pet

6

شش

šest

7

هفت

sedam

8

هشت

osam

9

نه

devet

10

دَه

deset

11

یازده

jedanaest

12
دوازده
....
dvanaest

13
سیزده
....
trinaest

14
چهارده
....
četrnaest

15
پانزده
....
petnaest

16
شانزده
....
šestnaest

17
هفده
....
sedamnaest

18
هجده
....
osamnaest

19
نوزده
....
devetnaest

20
بیست
....
dvadeset

100
صد
....
stotinu

1.000
هزار
....
hiljadu

1.000.000
میلیون
....
milion

زبان ها
jezici

انگلیسی
....
engleski

انگلیسی آمریکایی
....
američki engleski

چینی ماندارین
....
mandarinski kineski

هندی
....
hindski

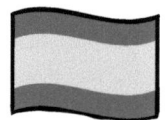

اسپانیایی
....
španski

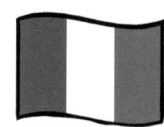

فرانسوی
....
francuski

عربی
....
arapski

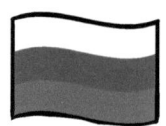

روسی
....
ruski

پرتغالی
....
portugalski

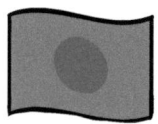

بنگالی
....
bengalski

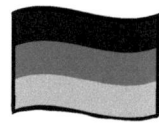

آلمانی
....
nemački

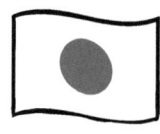

ژاپنی
....
japanski

چه کسی / چه چیزی / چگونه

ko / šta / kako

من

....

ja

تو

....

ti

او

....

on / ona / ono

ما

....

mi

شما

....

vi

آنها

....

oni

چه کسی؟ کی؟

....

Ko?

چی؟

....

Šta?

چگونه؟

....

Kako?

کجا؟

....

Gde?

کی؟

....

Kada?

نام

....

ime

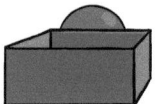

کجا

gde

پشت

iza

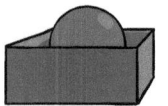

توی

u

جلو

ispred

بالای

preko

روی

na

زیر

ispod

مجاور

pored

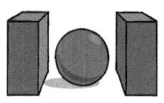

بین

između

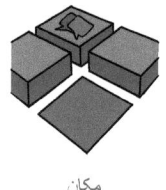

مکان

mesto